MALERKATERRR

VON KATZEN UND KÜNSTLERN

Nora Roloff

Copyright © 2017 Nora Roloff

All rights reserved.

ISBN-13:
978-1981209040

ISBN-10:
1981209042

VORWORT

Solche Katzen, wie sie sich hier präsentieren, gibt es natürlich nicht, denn es sind ganz besondere Katzen, es sind MALERKATERRR.
Viele Künstler lieben diese Wundertiere, die stets machen, was sie wollen und die Menschen so herrlich schleichend erziehen. Wir scheinen alles über sie zu wissen und doch haben sie ihren eigen Kopf und Leben. Katzen wollen nicht nur Mäuse, sondern auch extra Leckerli und Wärme. Und wir mögen so ihr wohliges Schnurren, ihr weiches Fell
Maler quer durch die Kunstgeschichte verewigten auf ihre jeweilige Weise diese Tiere.
"Du bist meine Katze und ich bin dein Mensch" wie Hilaire Belloc so treffend feststellte.
Es ist hier nicht das Anliegen, diese Katzenbilder zu kopieren. Sie sprechen besser für sich. Im Stile der jeweiligen Künstler, in ihrer Kunst-und Weltanschauungssicht werden hier diese Tierchen - ich nenne sie Malerkaterrr - präsentiert. Es ist eine erste Auswahl, denn die Katzen malende Künstlerschar ist gar nicht so überraschend groß.
Friedrich Nietzsche meinte einmal, ein Leben ohne Musik ist ein Irrtum. Und ich möchte sagen, ein Leben ohne Katze ist langweilig. Und ein Leben mit Katzenbildern macht zusätzlich Freude.
Nicht mehr und nicht weniger soll das dieses Büchlein bringen

.

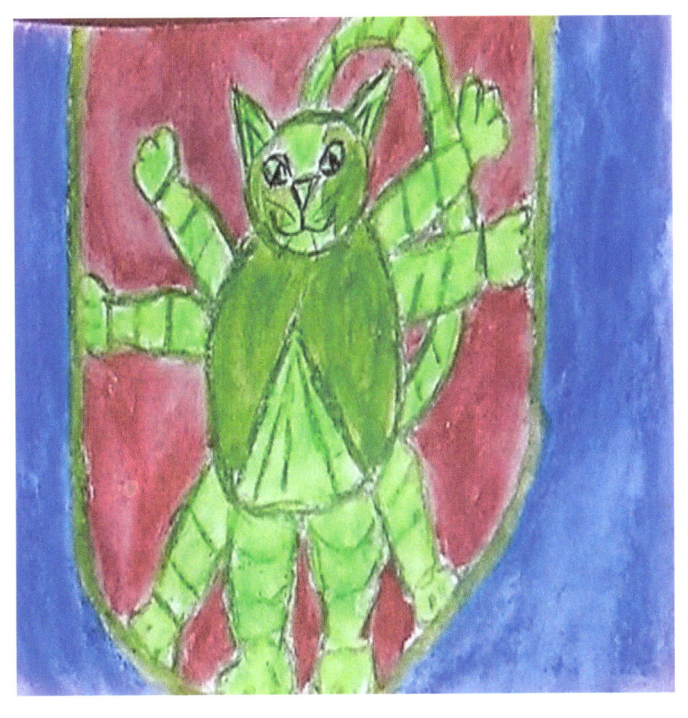

LEONARDO DA VINCI
ITALIEN
1452 – 1519
DIE ALTEN MEISTER

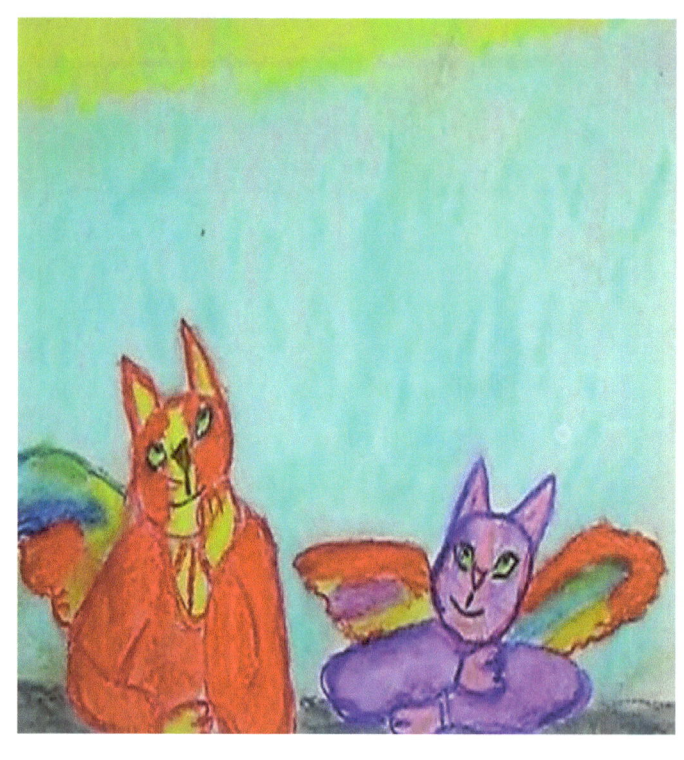

RAFFAELO SANZIO DA URBINO
(RAFFAEL)
ITALIEN
1483 - 1520
DIE ALTEN MEISTER

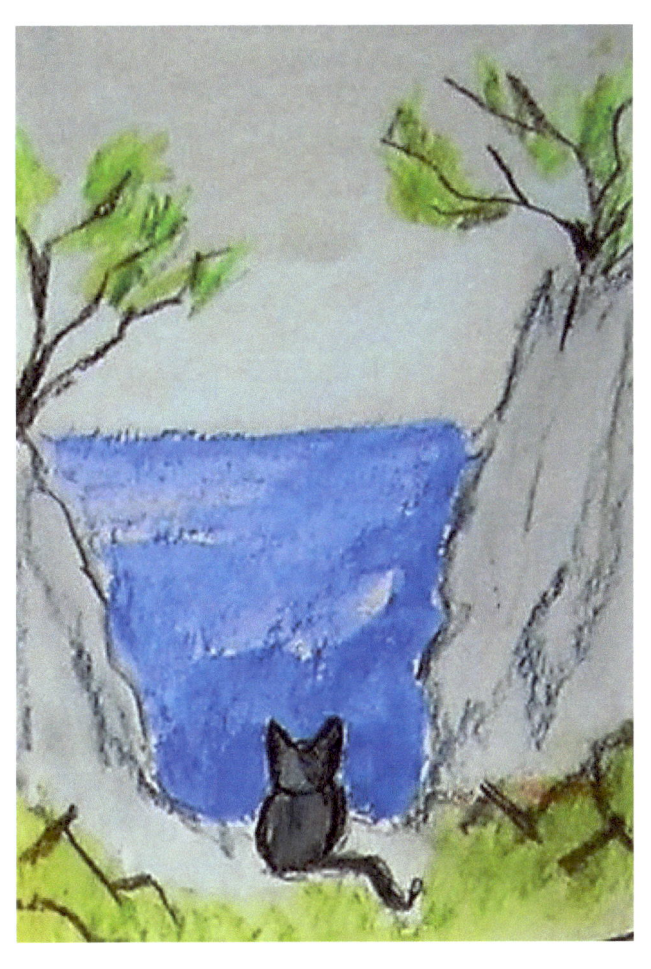

CASPAR DAVID FRIEDRICH
DEUTSCHLAND
1774 – 1840
ROMANTIK

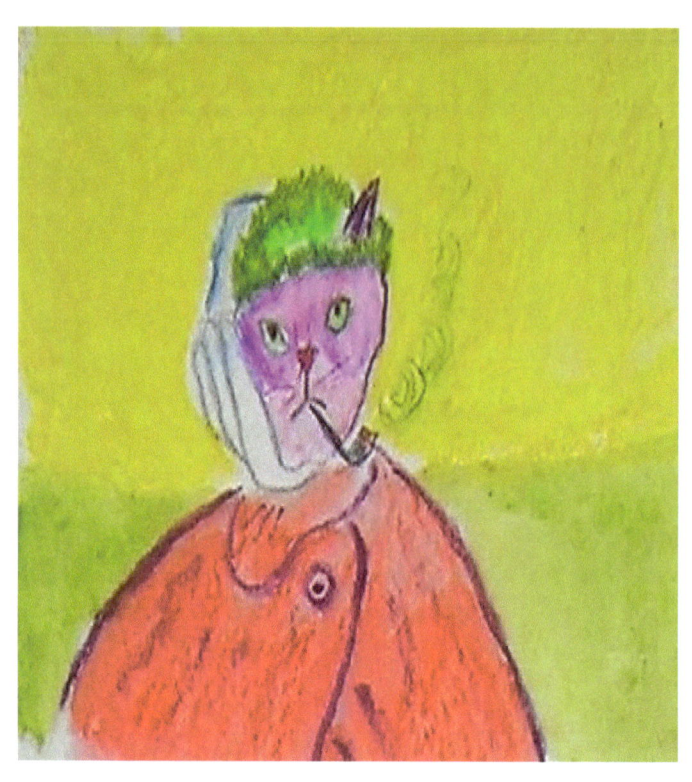

VINCENT VAN GOGH
NIEDERLANDE
1853 -1890
POST - IMPRESSIONIST

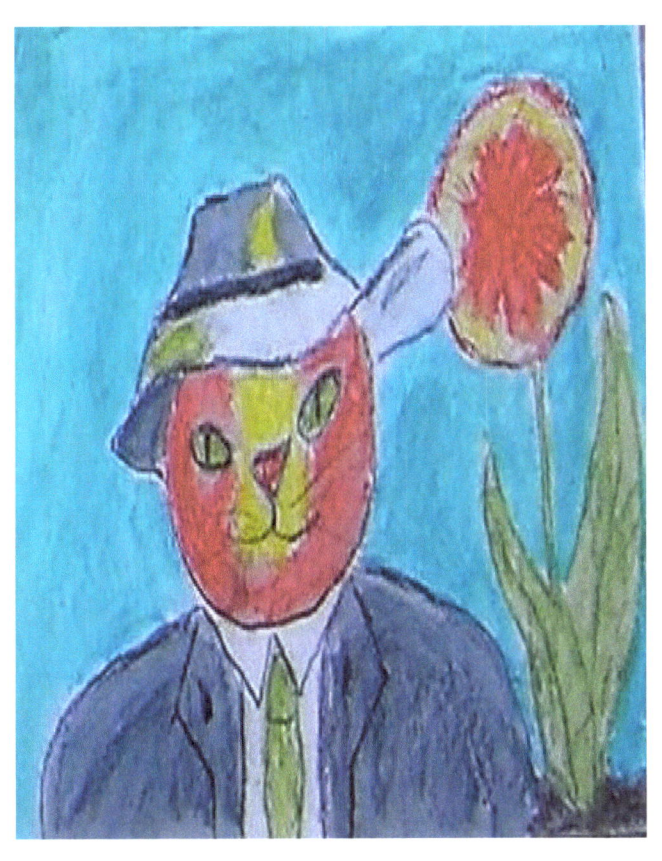

EMIL NOLDE
1867 – 1956
DEUTSCHLAND
EXPRESSIONIST
AQUARELLIST

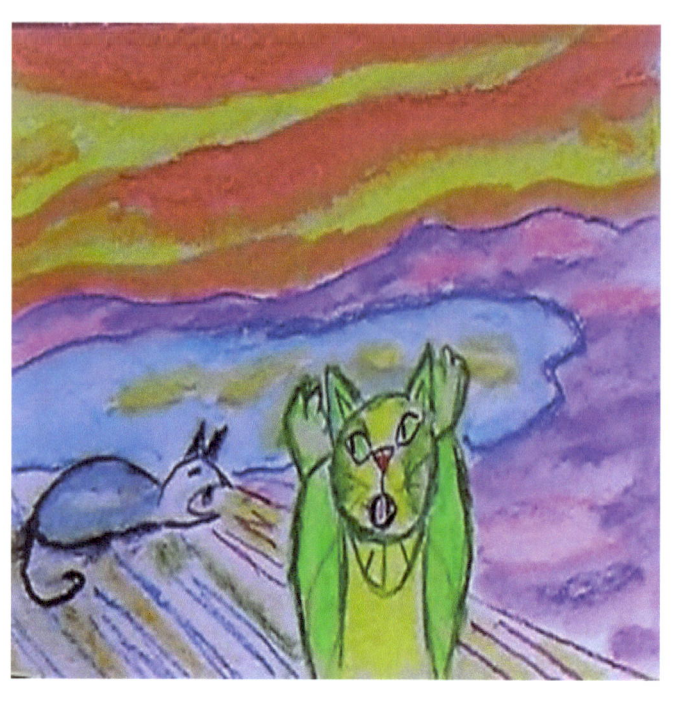

EDVARD MUNCH
NORWEGEN
1863 – 1944
SYMBOLISMUS
MODERNE

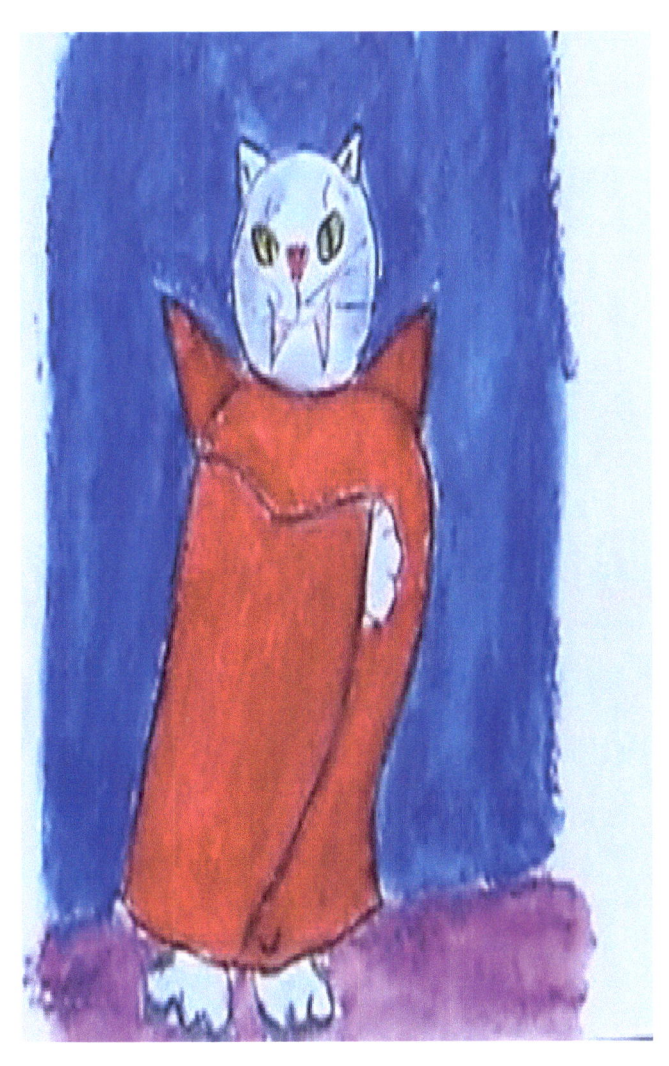

EDVARD MUNCH

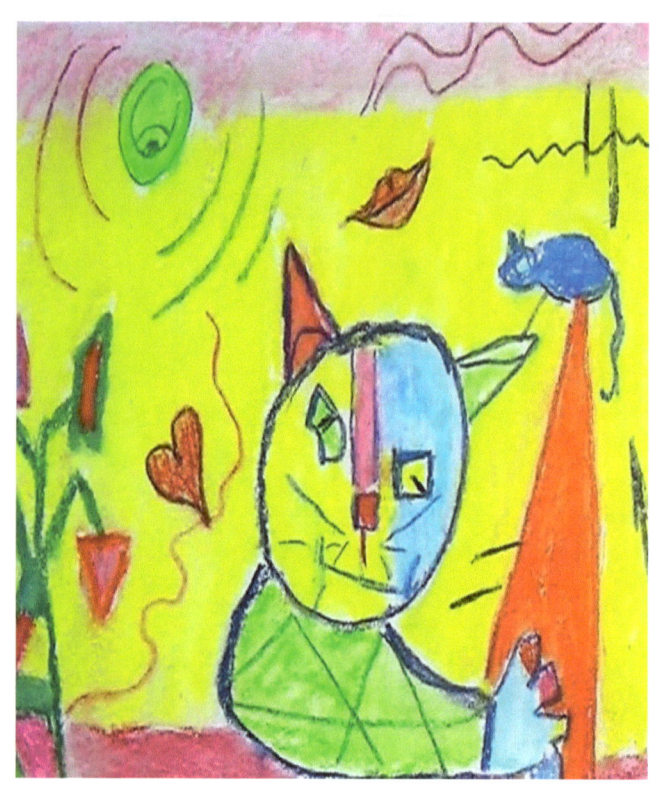

WASSILY KANDINSKY
RUSSLAND
1866 – 1944
EXPRESSIONISMUS
ABSTRAKTE KUNST

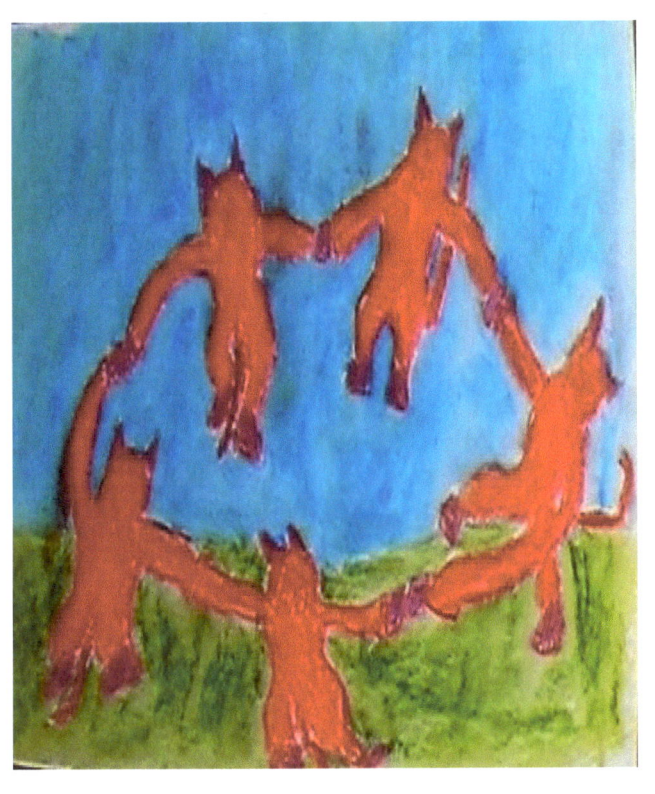

HENRI MATISSE
FRANKREICH
1869 – 1954
KLASSISCHE MODERNE

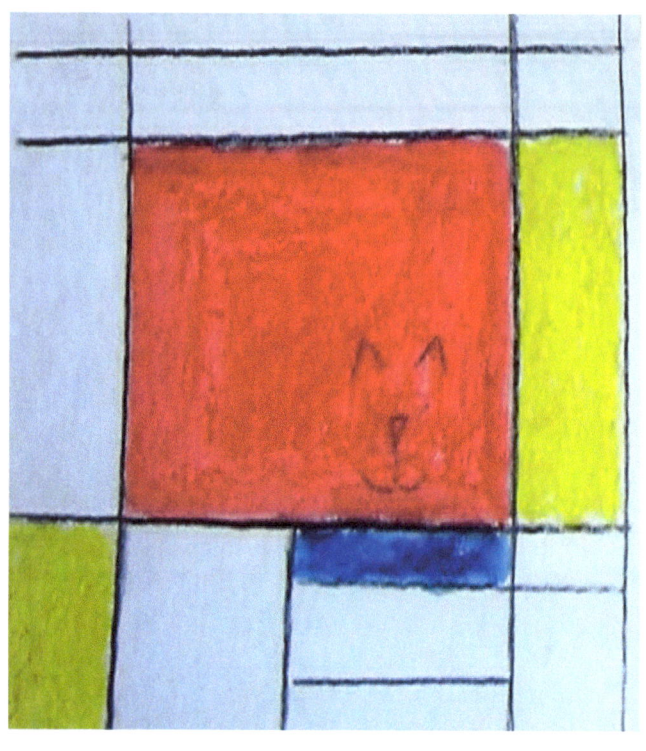

PIET MONDRIAN
NIEDERLANDE
1872 – 1944
NEOPLASTIZISMUS
KUBISMUS

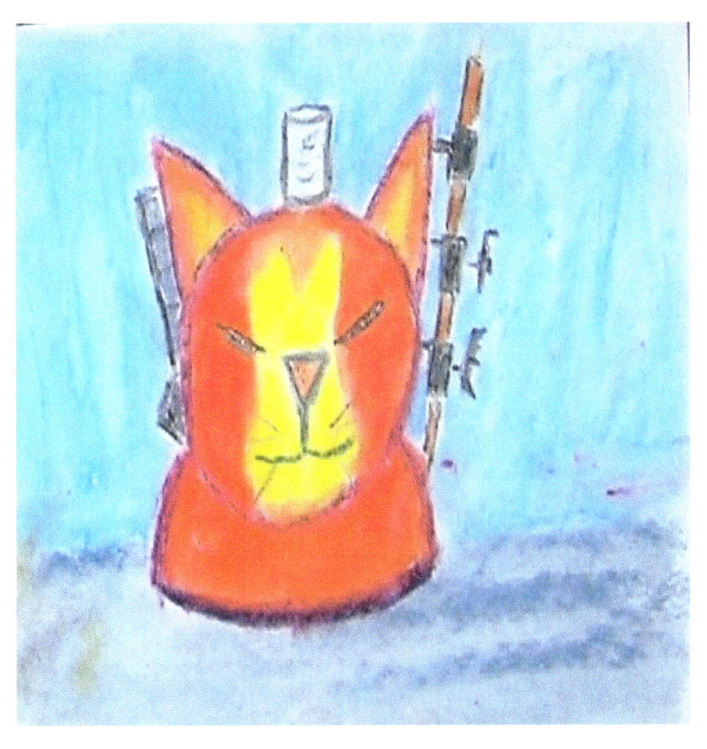

JOHANNES BAADER
DEUTSCHLAND
1875 – 1955
ARCHITEKTUR
DADAISMUS

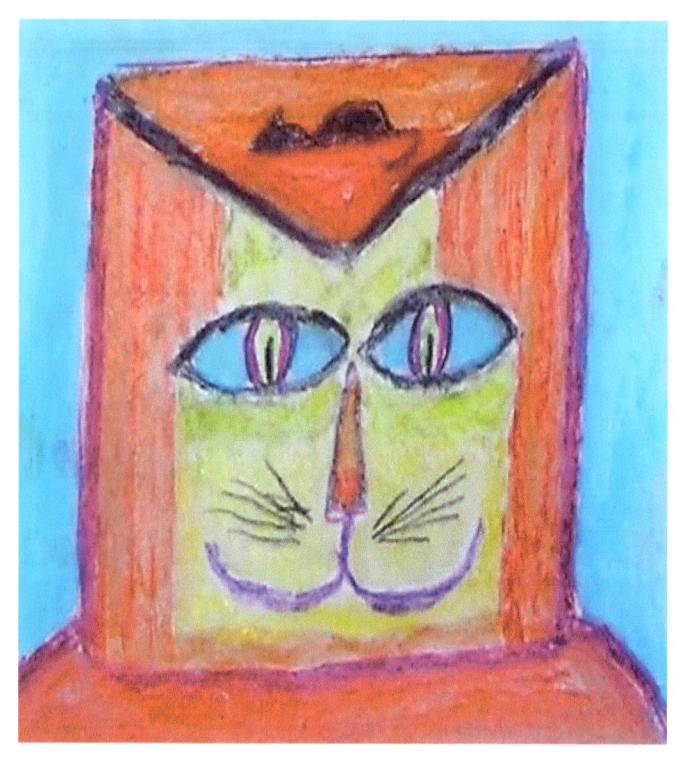

PAUL KLEE
SCHWEIZ
1879 – 1940
EXPRESSIONISMUS
KUBISMUS
SURREALISMUS

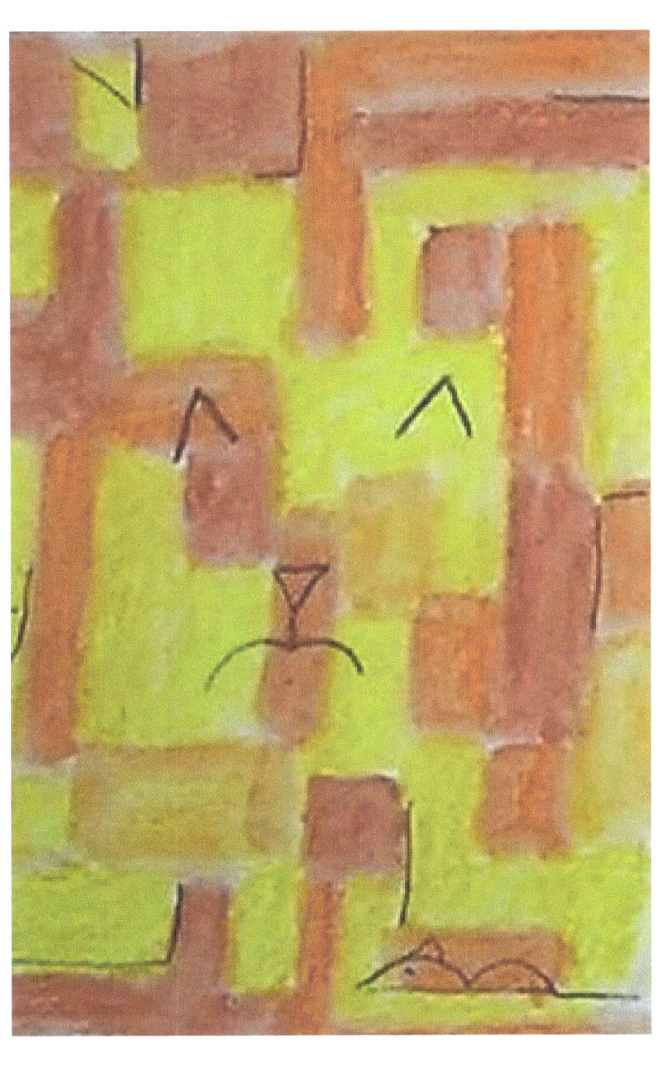

PAUL KLEE

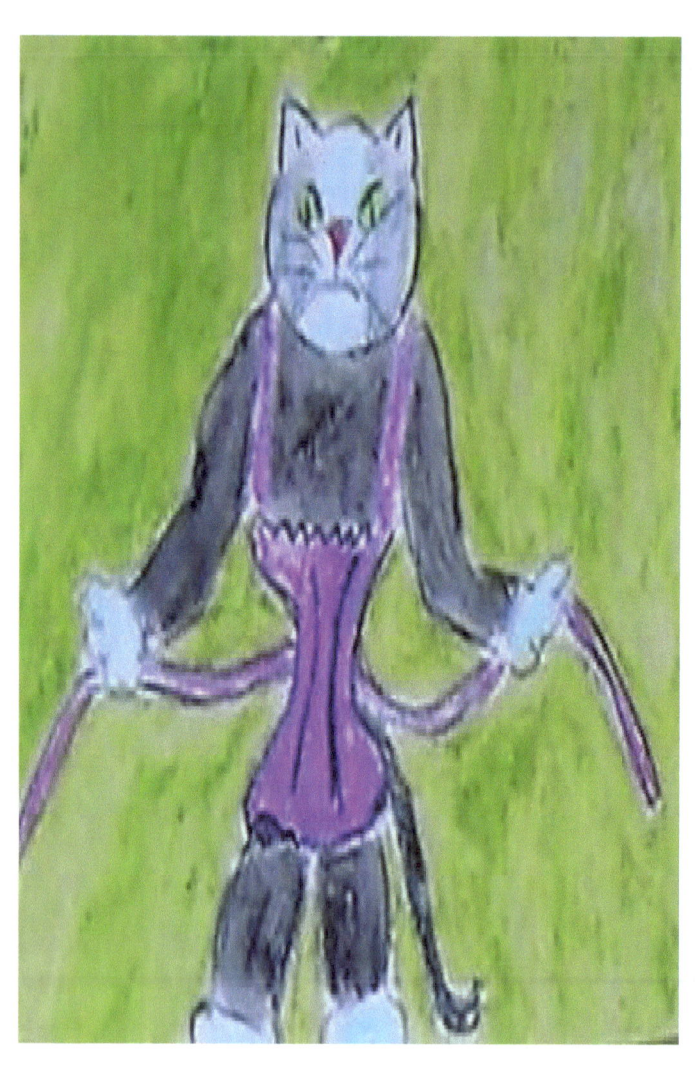

PAUL POIRET
FRANKTREICH
1878 – 1944
MODESCHÖPFER

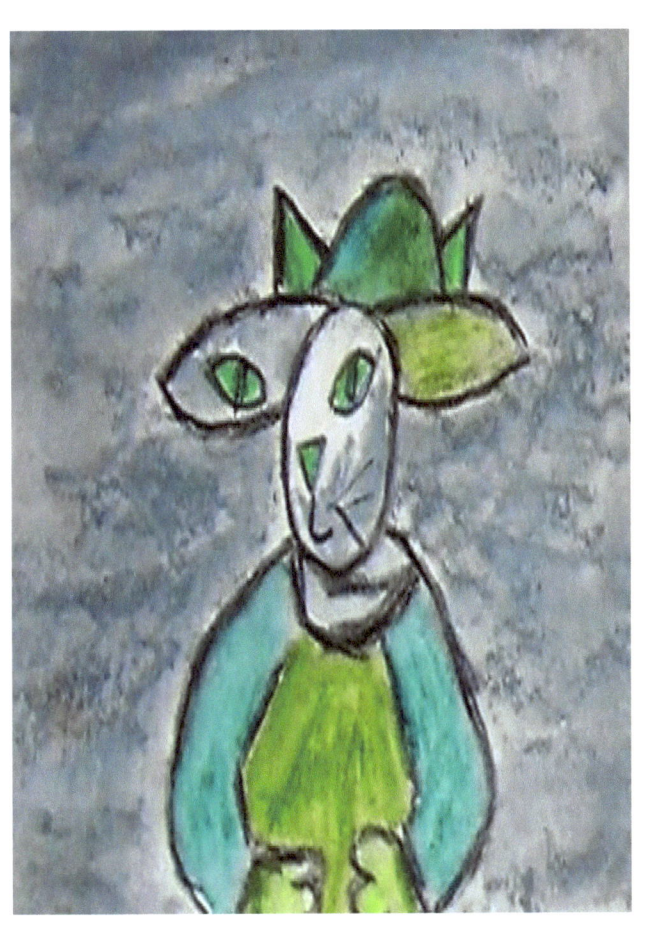

PABLO PICASSO
SPANIEN
1881 – 1973
KUBISMUS
KLASSISCHE MODERNE

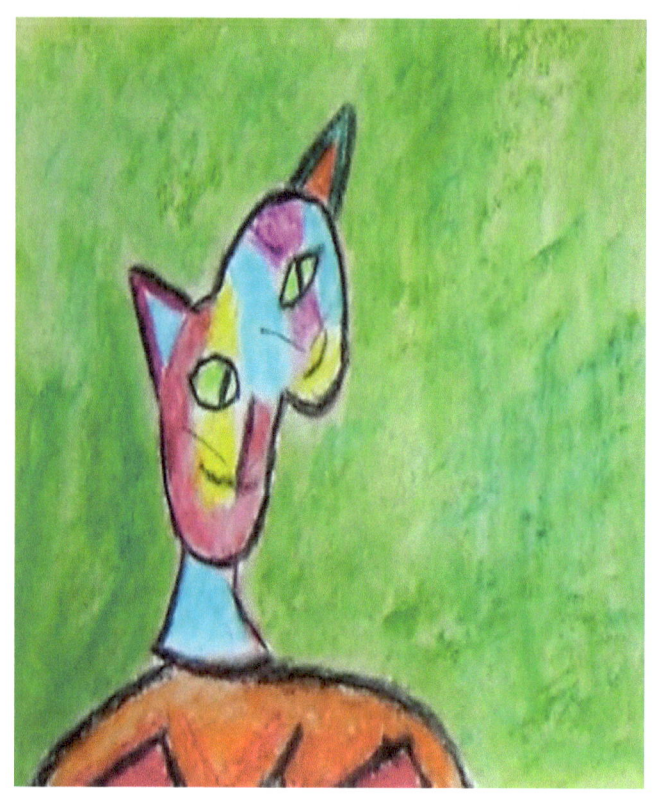

PABLO PICASSO

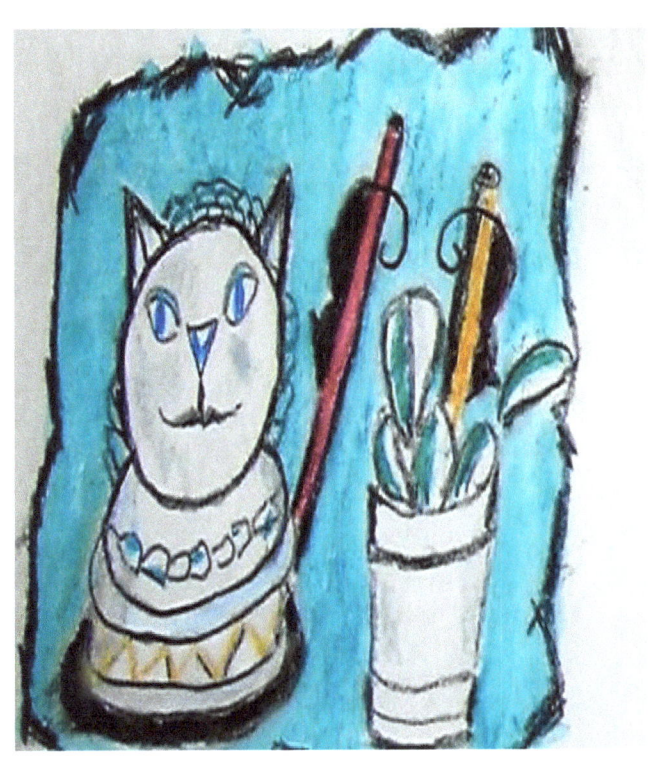

FERNAND LEGER
FRANKREICH
1881 – 1955
KUBISMUS

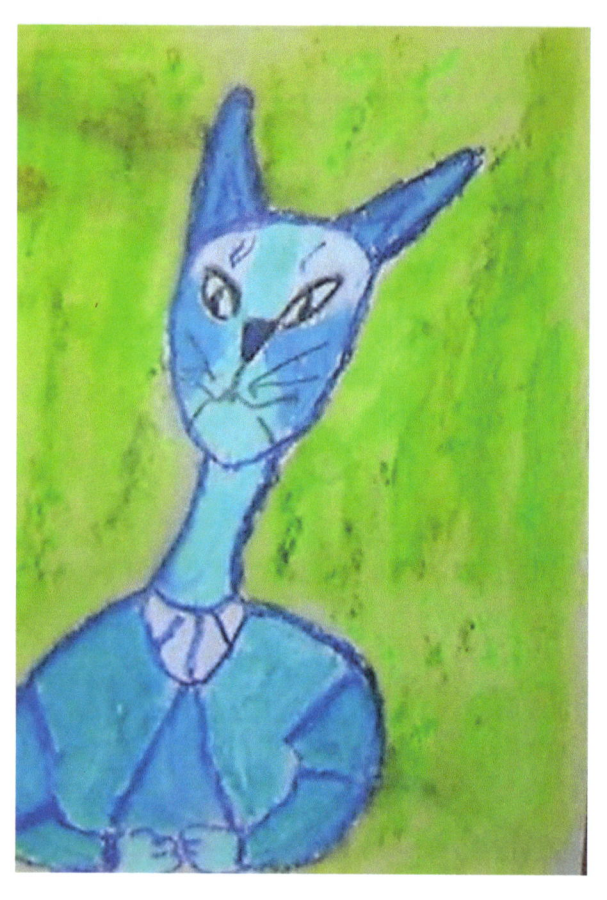

AMEDO MODIGLIANI
ITALIEN
1884 -1920
EXPRESSIONISTISCHE,KUBISTISCHE
ELEMENTE

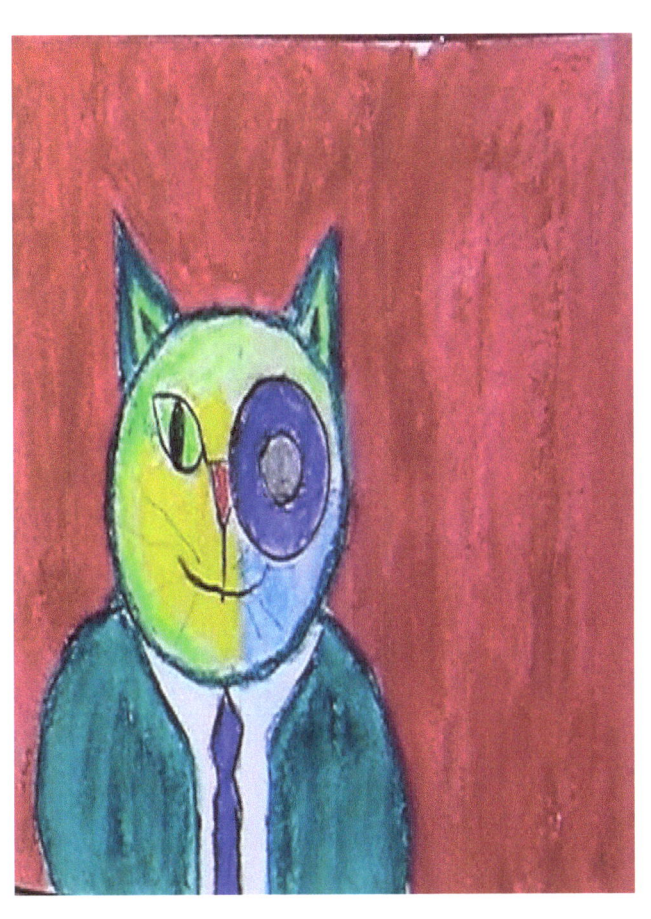

HANS ARP
DEUTSCHLAND – FRANKREICH
DADAISMUS
SURREALISMUS

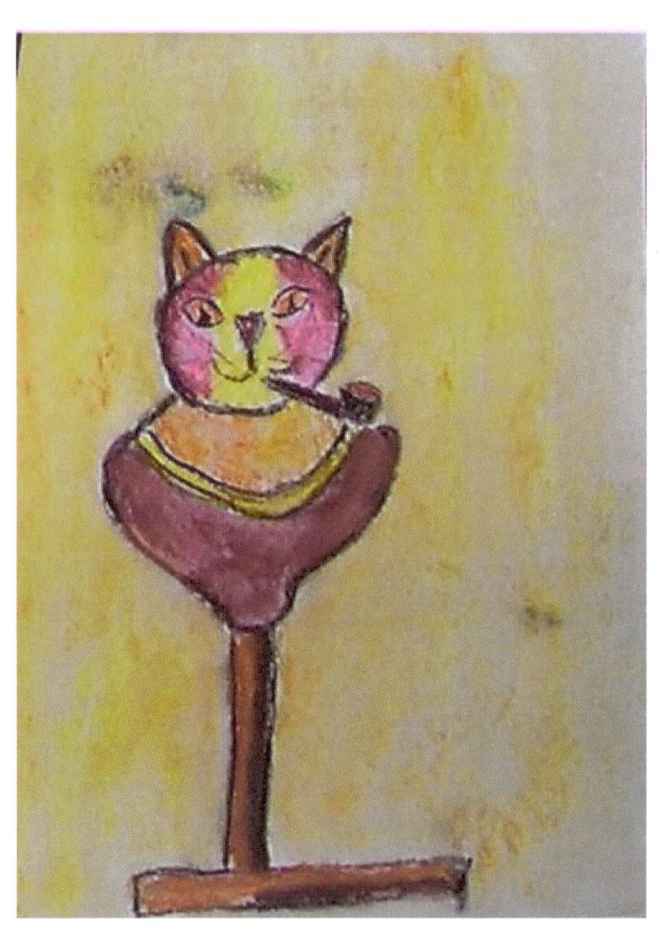

MARCEL DUCHAMP
FRANKREICH
1887 – 1968
KONZEPTKUNST
DADAISMUS

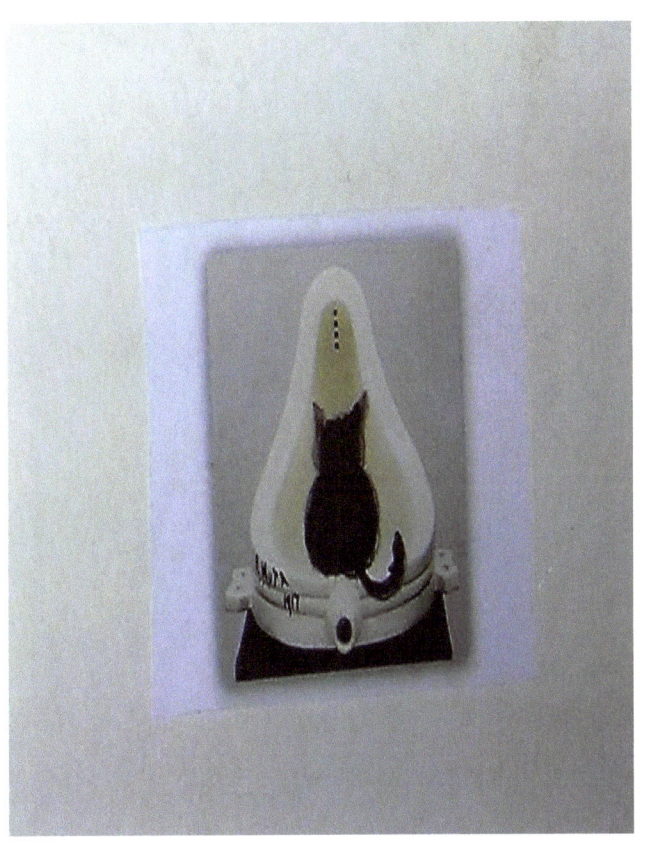

MARCEL DUCHAMP

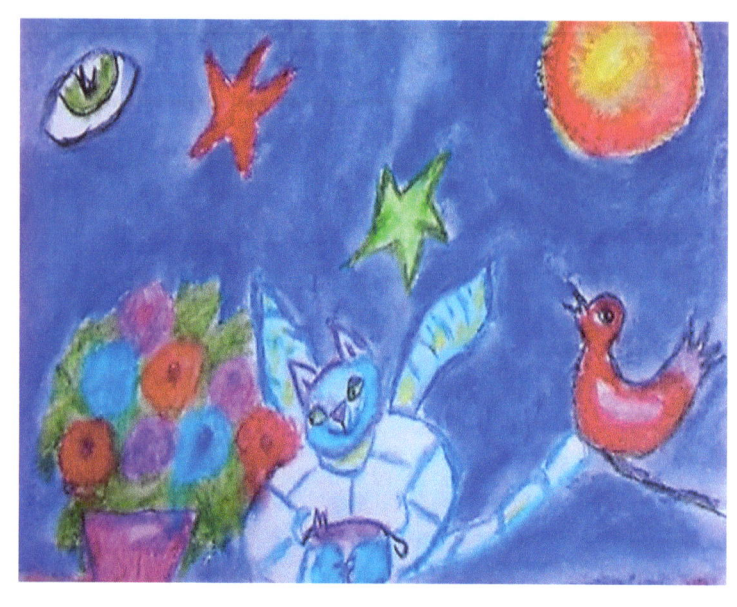

MARC CHAGALL
RUSSLAND
1887 – 1985
EXPRESSIONISMUS

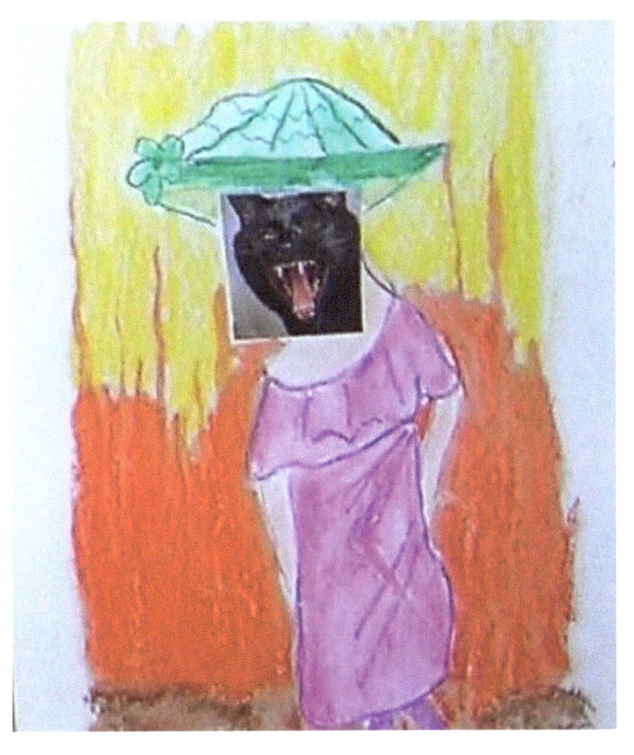

HANNAH HÖCH
DEUTSCHLAND
1889 – 1978
DADAISMUS

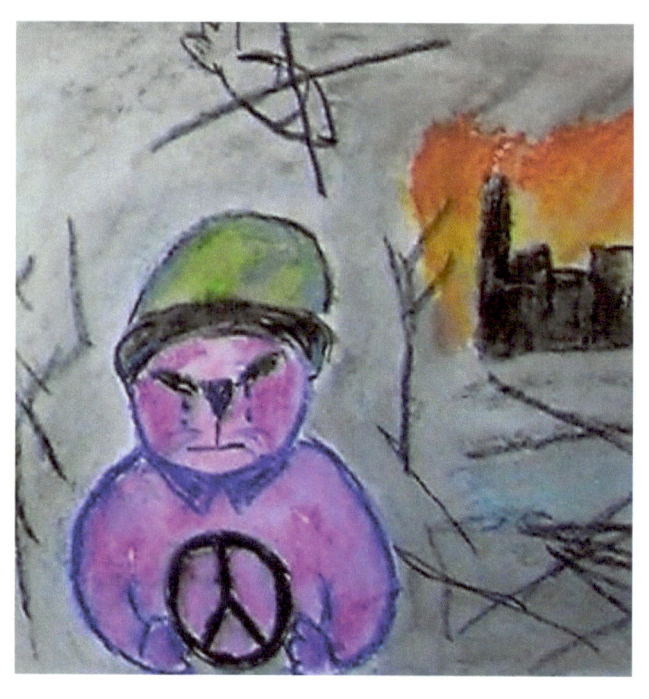

JOHN HEARTFIELD
DEUTSCHLAND
1891 – 1968 (DDR)
FOTOMONTAGEN

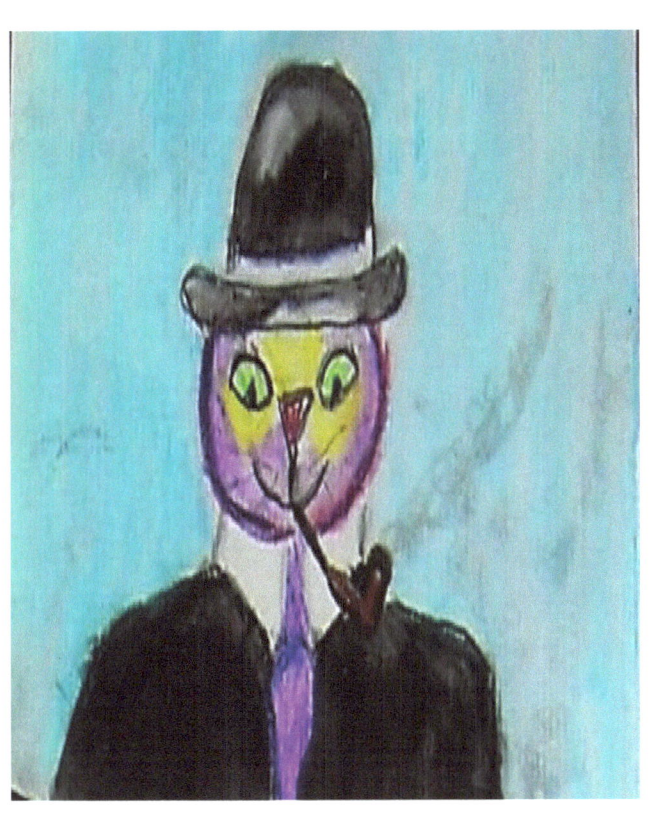

RENE`MAGRITTE
BELGIEN
1898 – 1967
SURREALISMUS

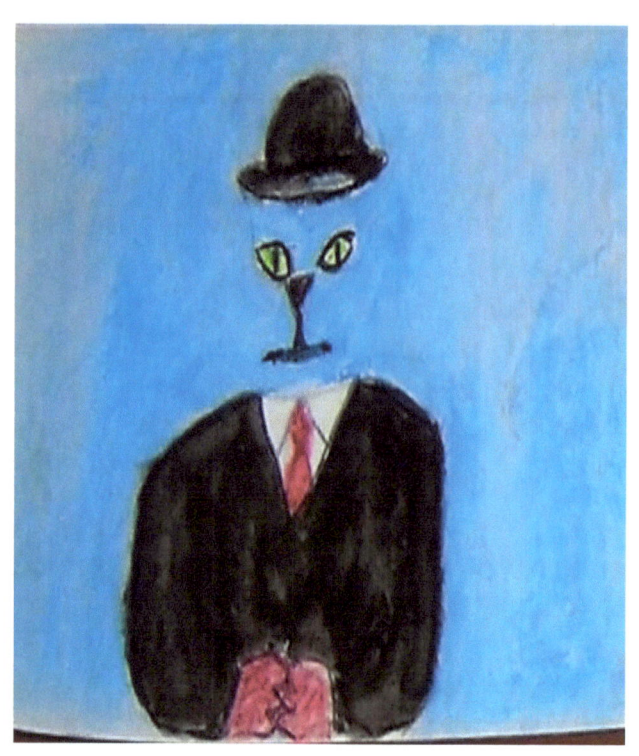

RENE MAGRITTE

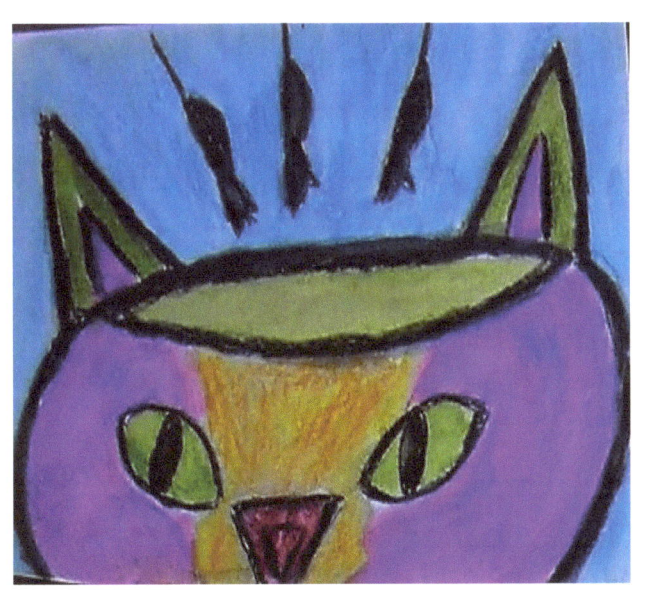

MAX ERNST
DEUTSCHLAND
1891 – 1976
DADAISMUS

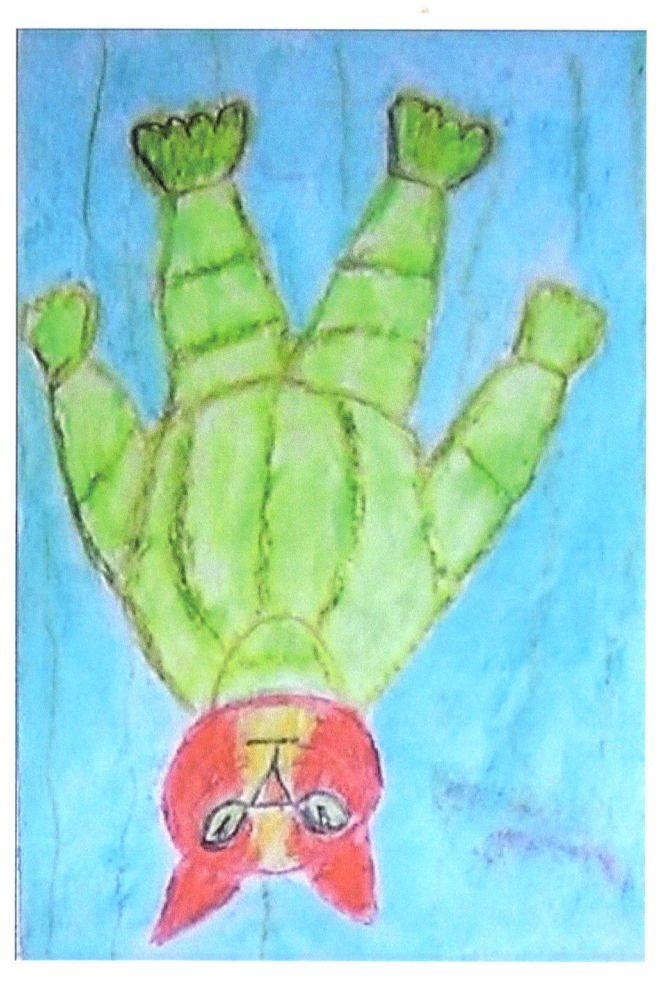

GEORG BASELITZ
DEUTSCHLAND
1938

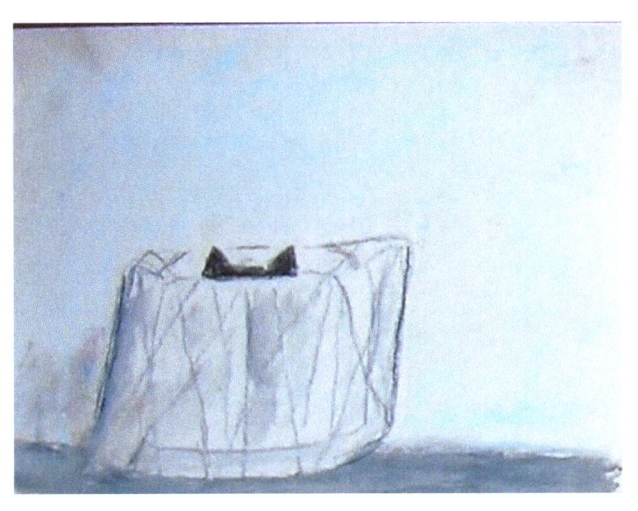

CHRISTO
BULGARIEN
1935 –
VERHÜLLUNGEN

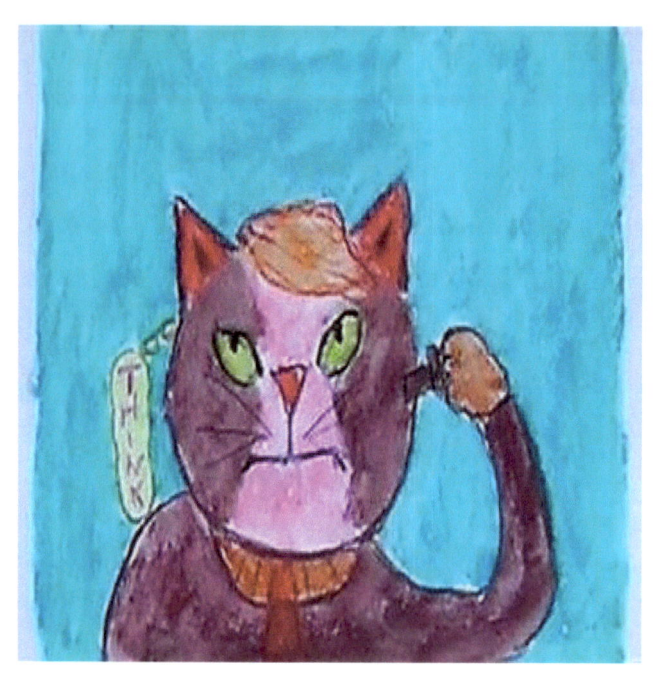

PETER SAUL
USA
1934
POPART

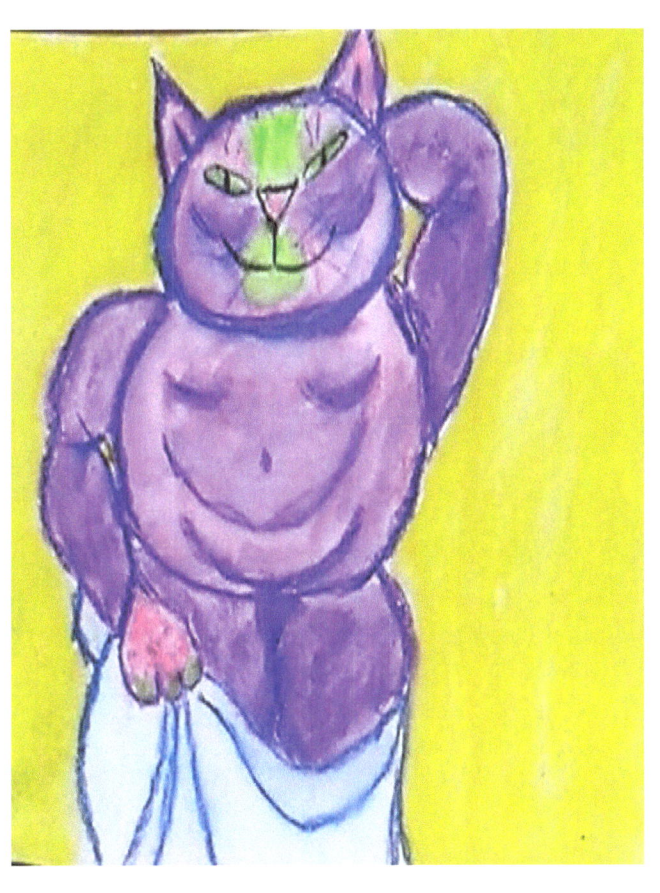

FERNANDO BOTERO
KOLUMBIEN
1932 -

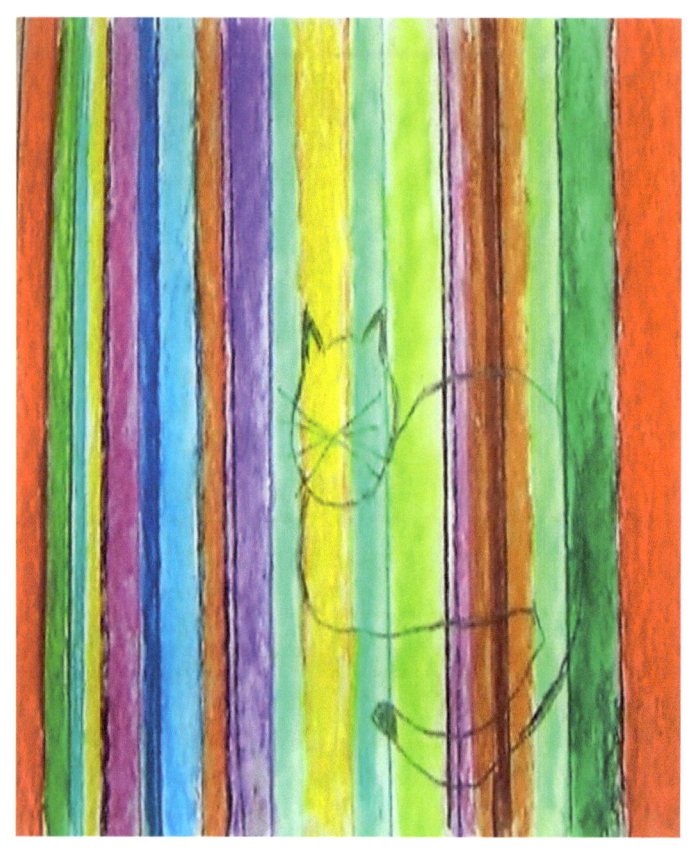

GERHARD RICHTER
DEUTSCHLAND
*1932
NEO DADA

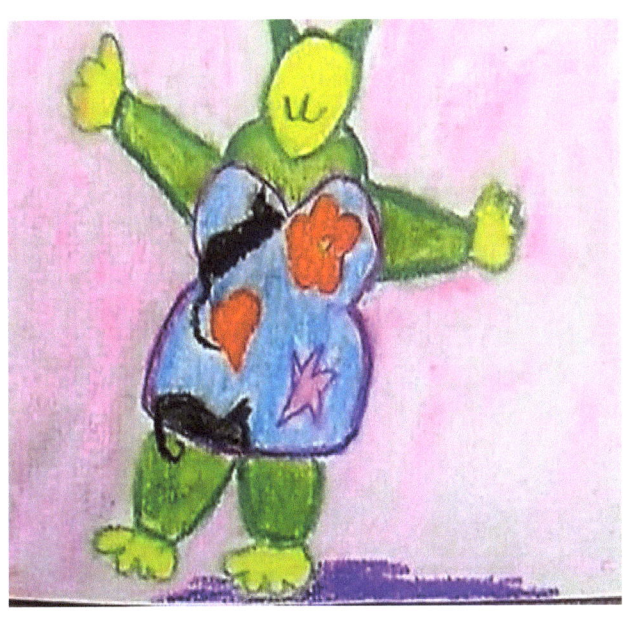

NIKI DE SAINT PHALLE
FRANKREICH
1930 – 2002
MODERNE

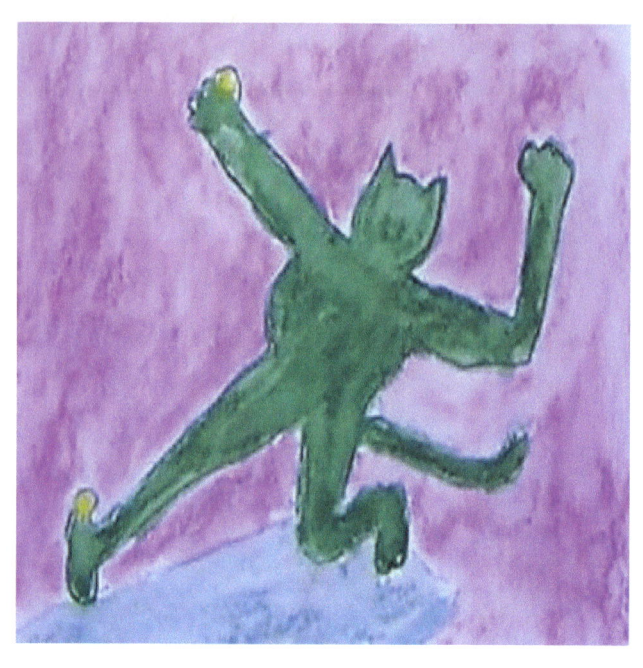

WOLFGANG MATTHEUER
DEUTSCHLAND
1927 – 2004
LEIPZIGER SCHULE

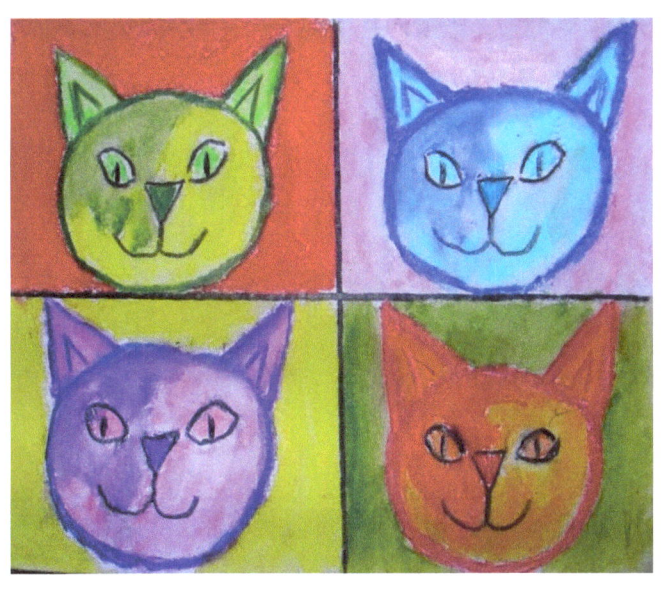

ANDY WARHOL
USA
1928 – 1987
GRAFIKER

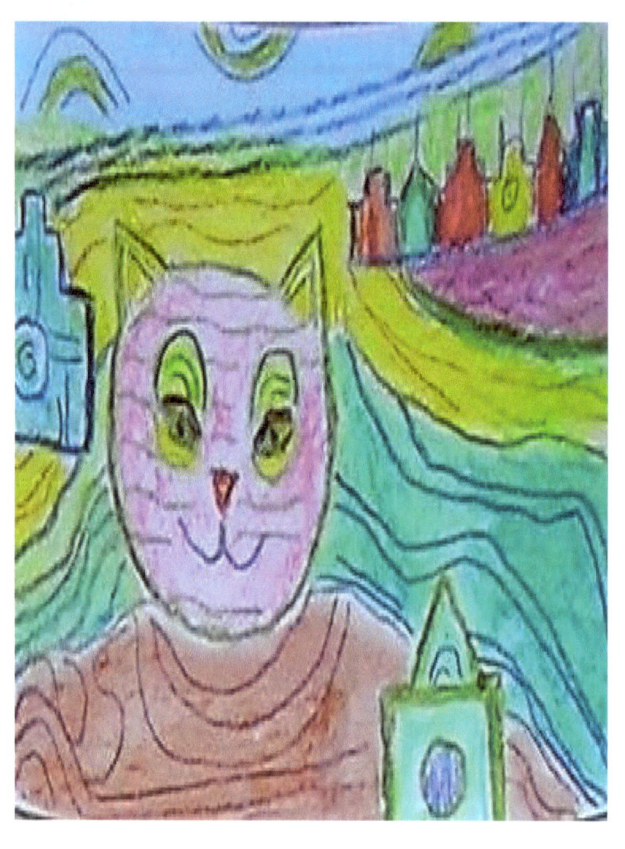

FRIEDENSREICH HUNDERTWASSER
ÖSTERREICH
ARCHITEKT UND MALER

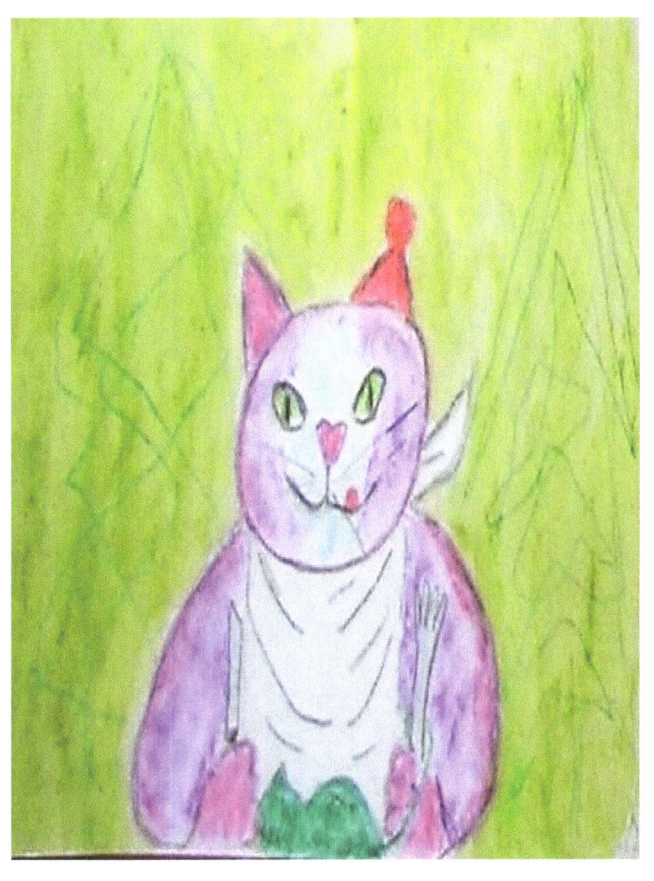

VICCO VON BÜLOW
LORIOT
DEUTSCHLAND
1923 - 2011
KARIKATURIST

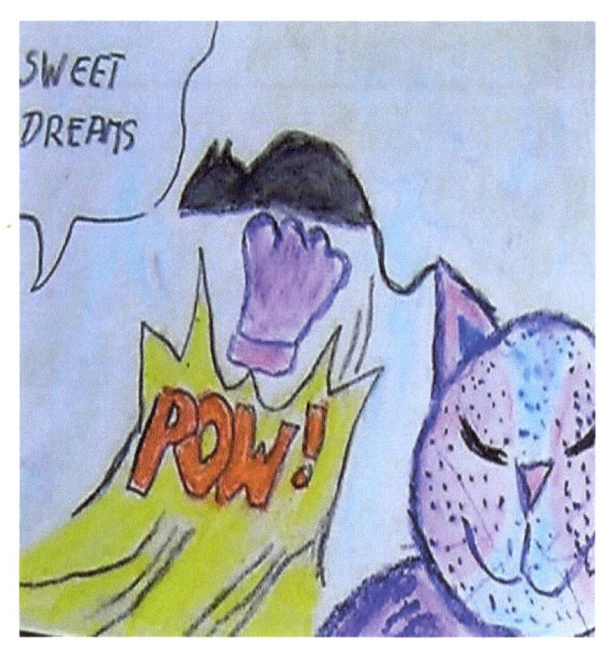

ROY LICHTENSTEIN
USA
*1923
POP ART

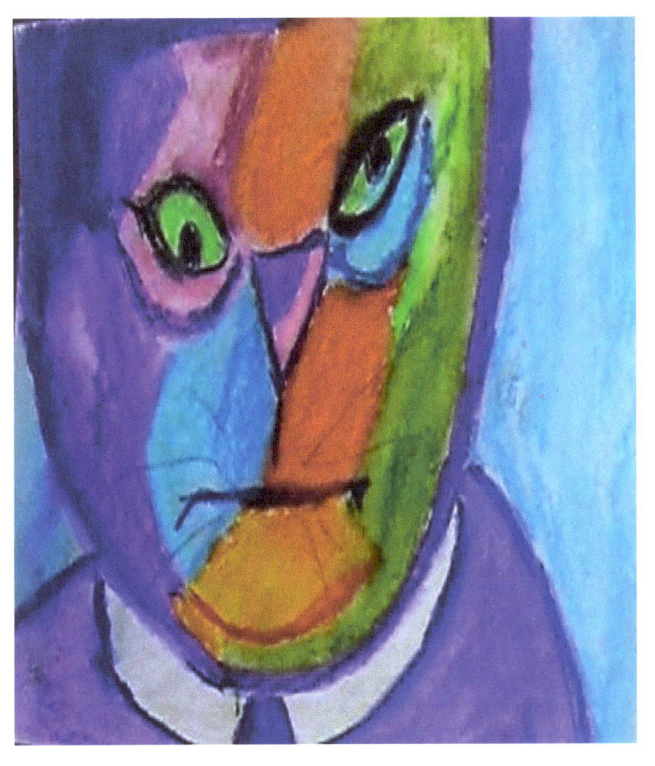

RICHARD HAMILTON
ENGLAND
1922 – 2011
POP ART

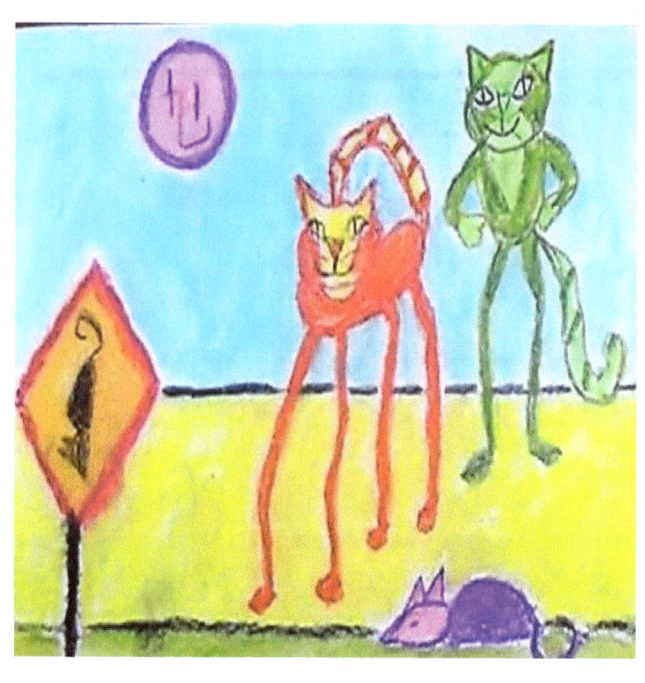

SALVADOR DALI
KATALONIEN
1904 – 1989
SURREALISMUS

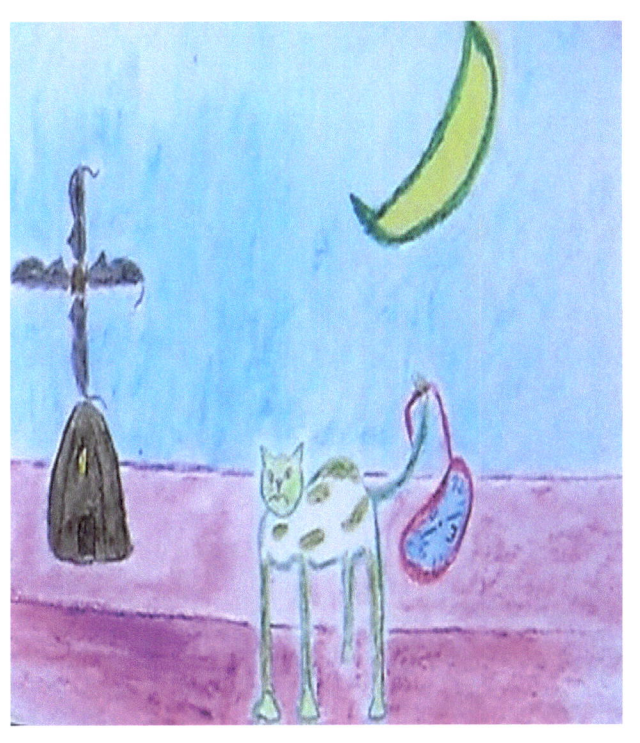

SALVADOR DALI

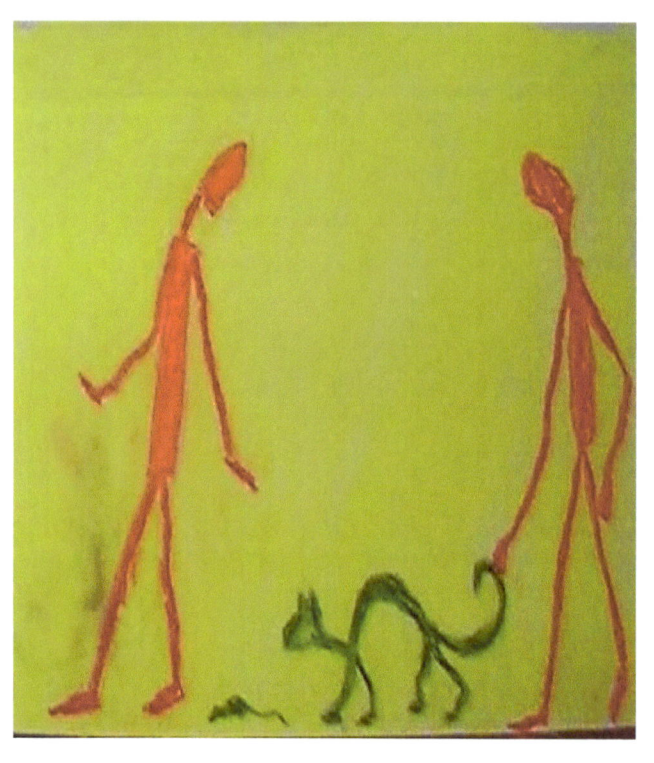

ALBERTO GIACOMETTI
SCHWEIZ
1901 – 1966
MODERNE

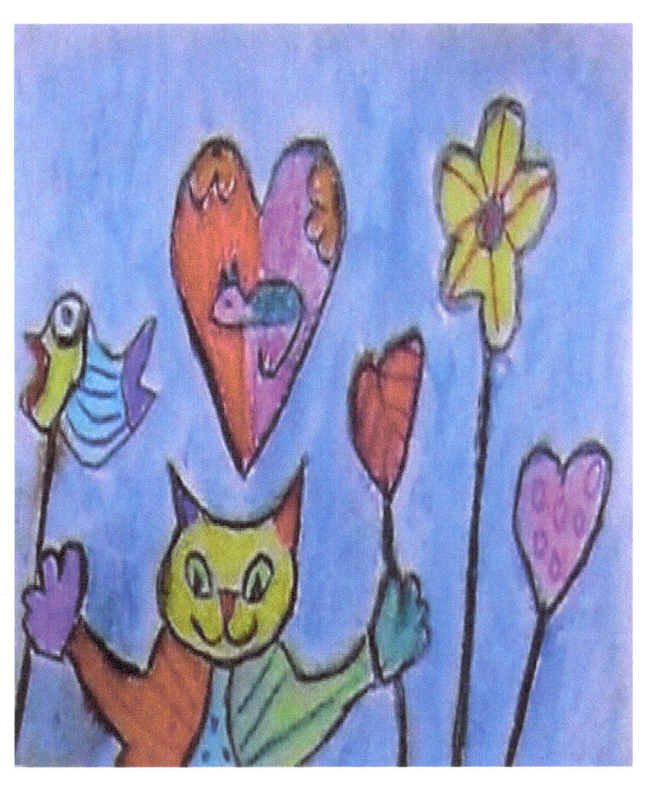

ROMERO BRITTO
BRASILIEN
1963

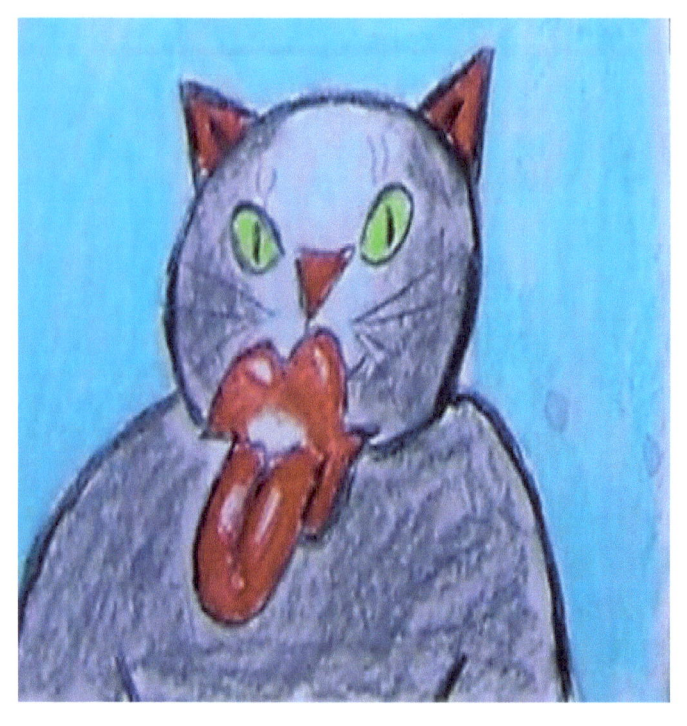

JOHN PASCHE
GEB.1945
GRAFIKER

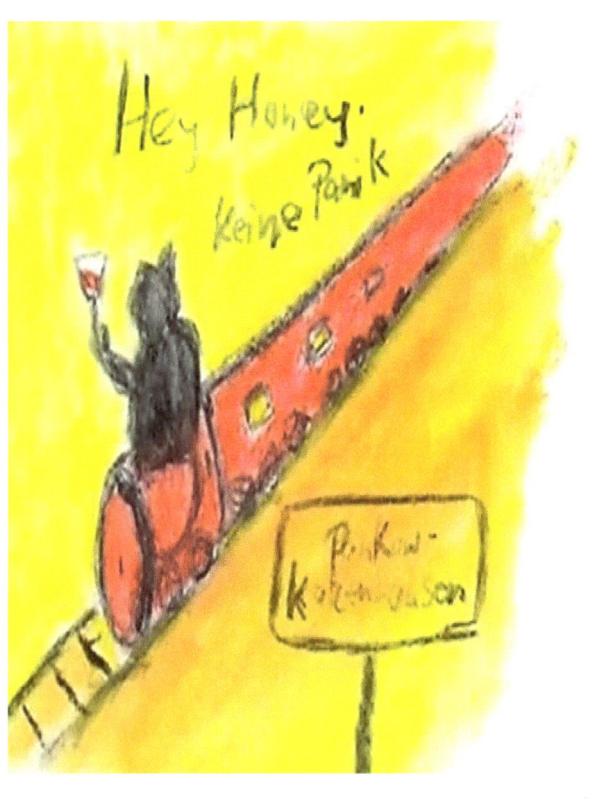

UDO LINDENBERG
DEUTSCHLAND
GEB. 1946
SÄNGER

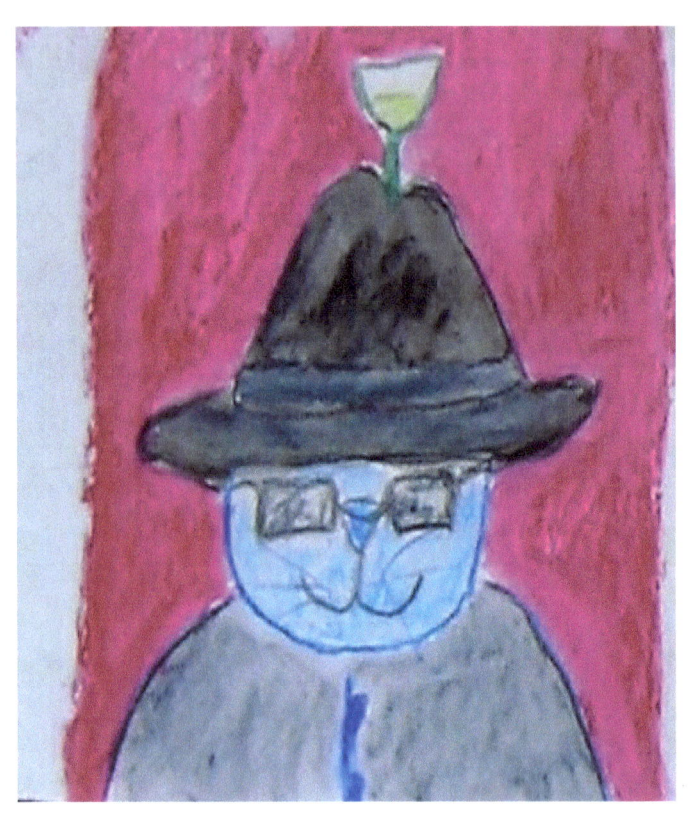

UDO LINDENBERG

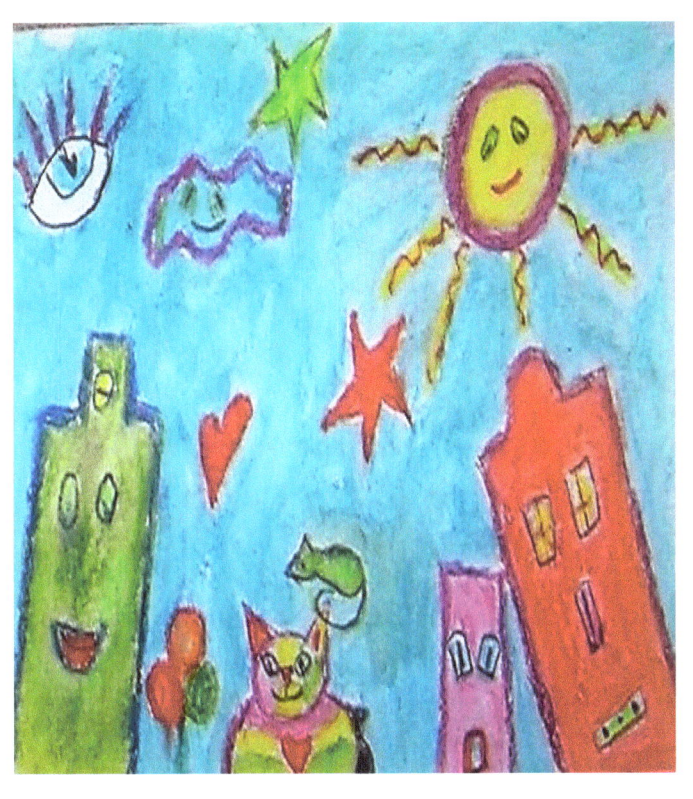

JAMES RIZZI
USA
1950 – 2011
POP ART

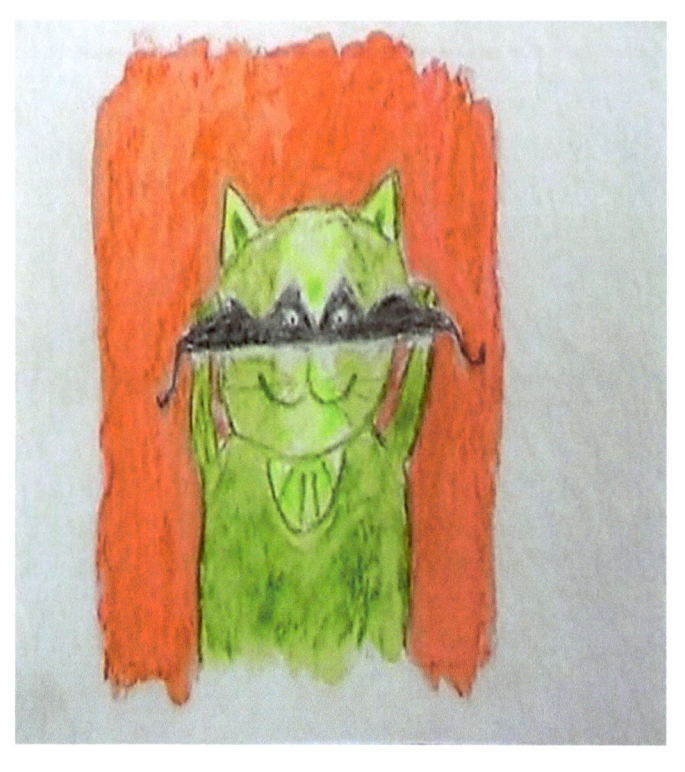

PETER BAUER
DDR
GRAFIKER
KARIKATURIST

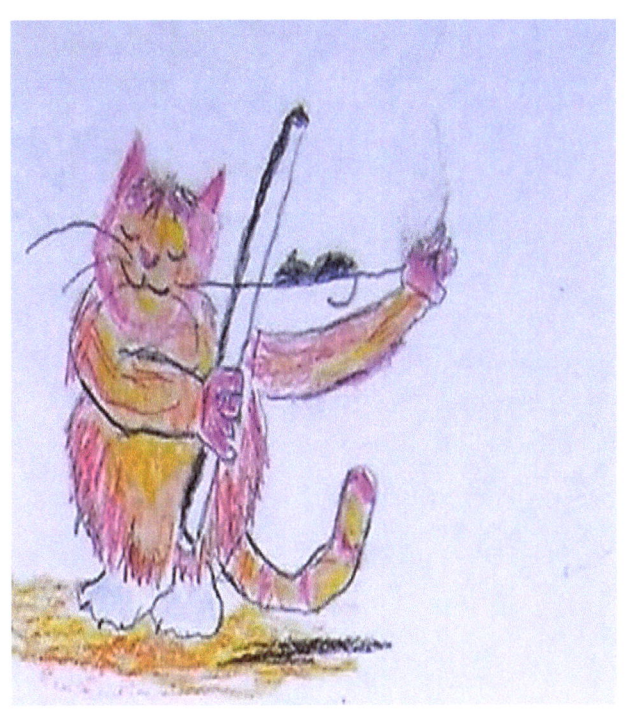

PETER BAUER

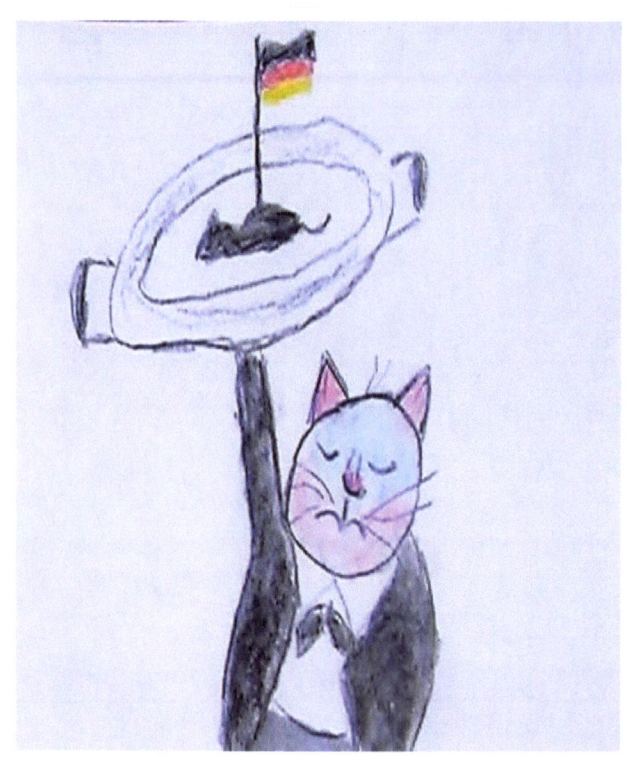

PETER BAUER

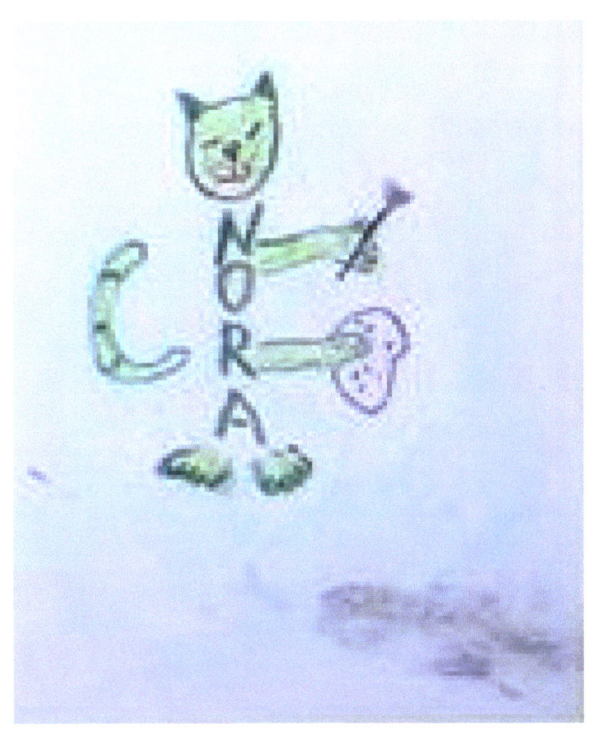

WALTER DAHN
DEUTSCHLAND
GEB. 1944
OBSESSIVE MALEREI

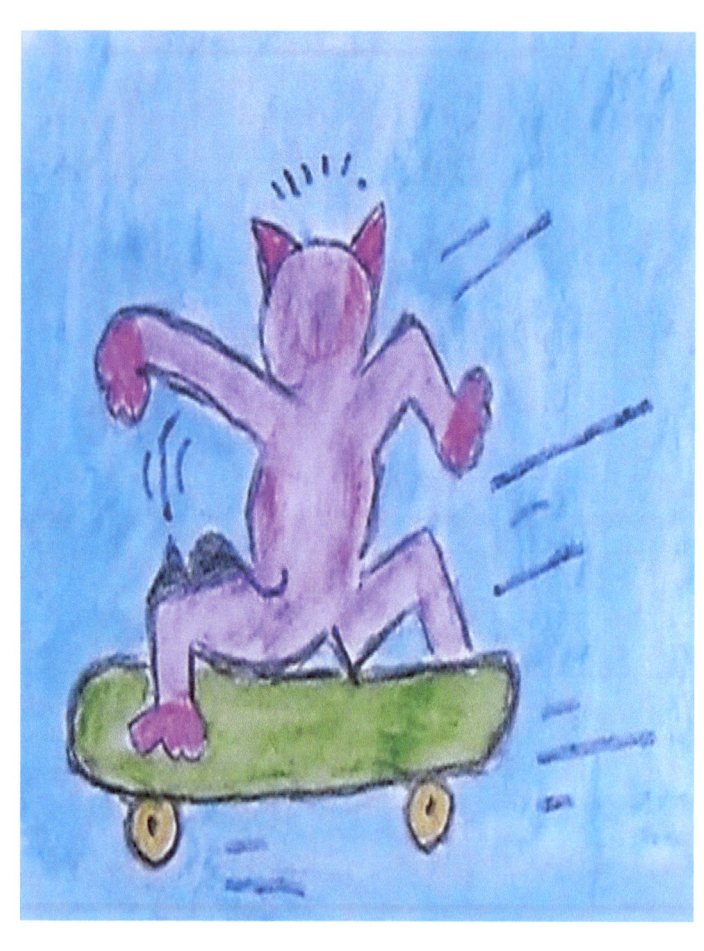

KEITH HARING
USA
1958 – 1990
POP ART

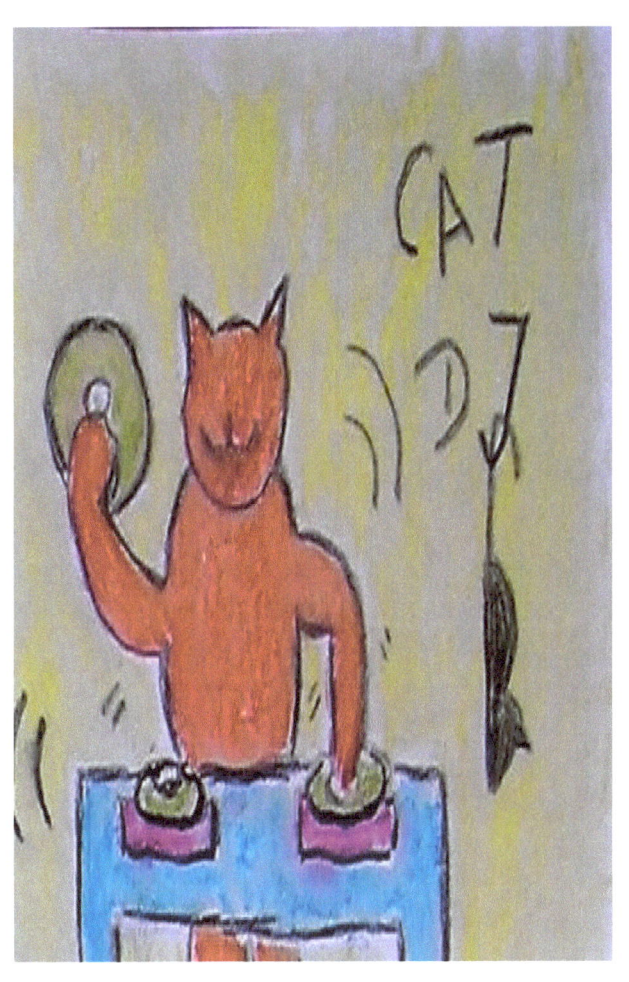

KEITH HARING

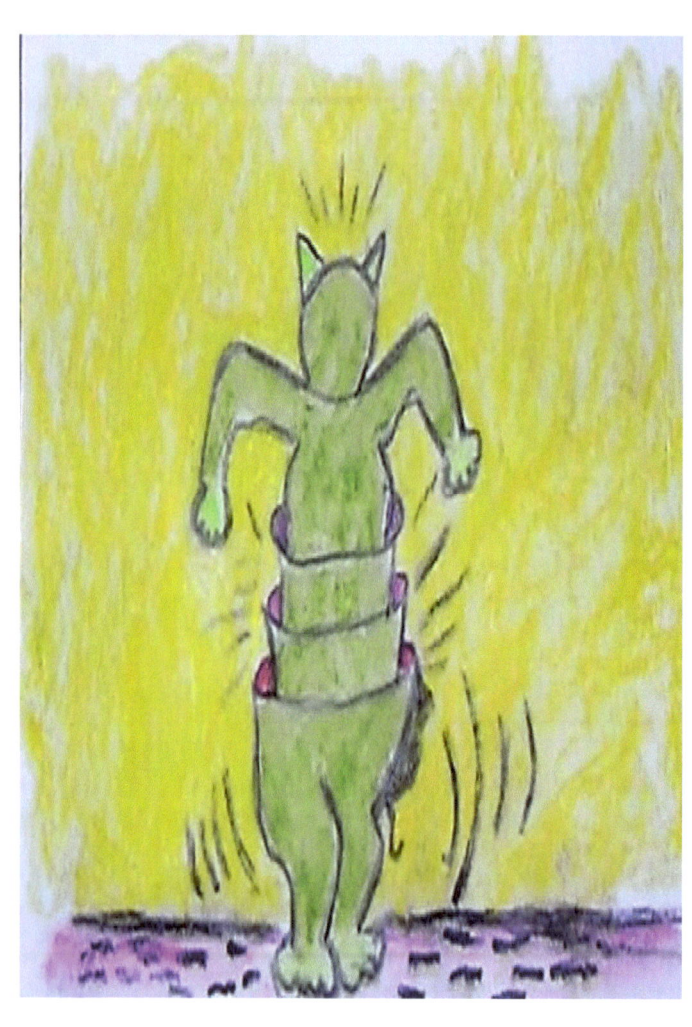

KEITH HARING

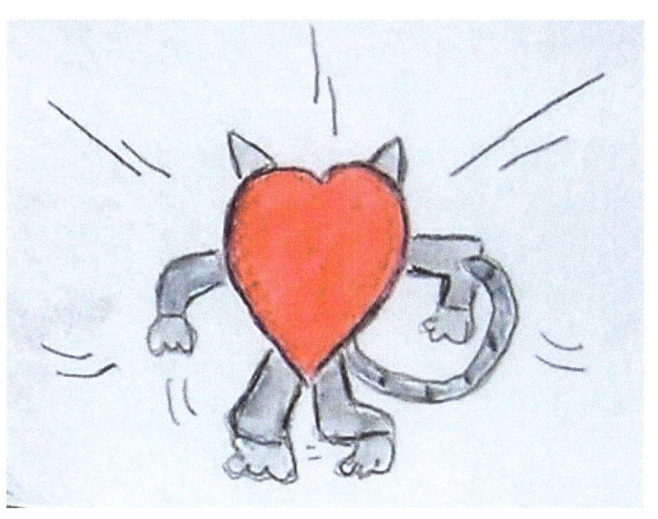

KEITH HARING

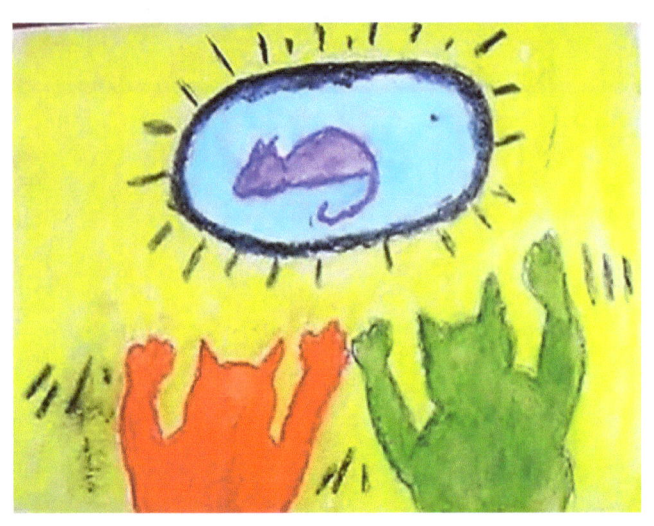

KEITH HARING

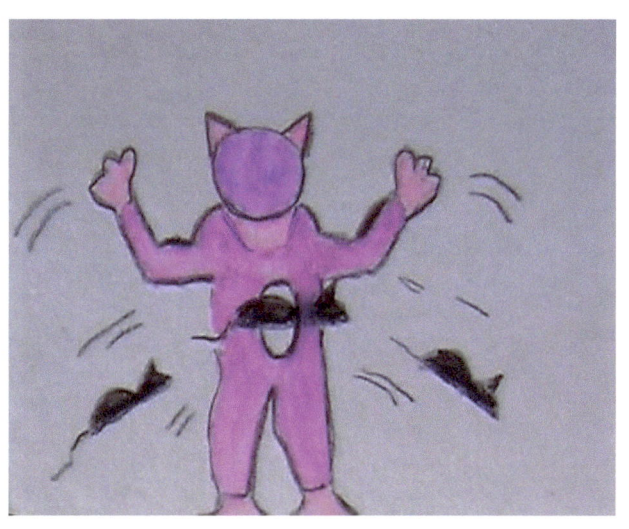

KEITH HARING

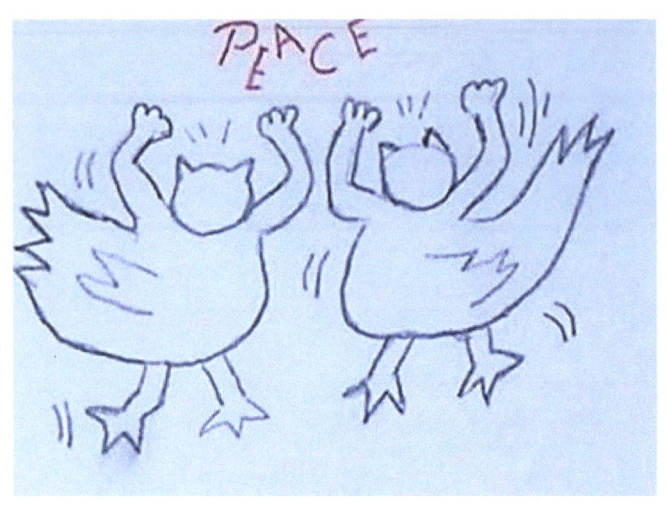

KEITH HARING

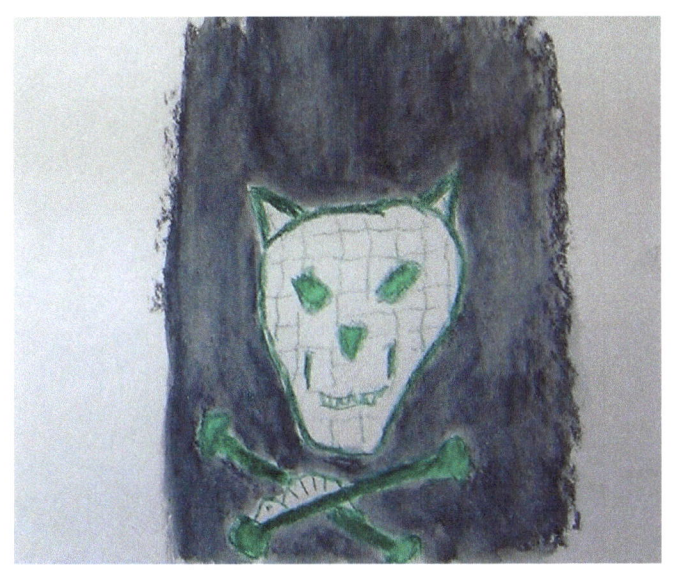

DAMIAN HIRST
ENGLAND
GEB-1965

PLASTIKEN

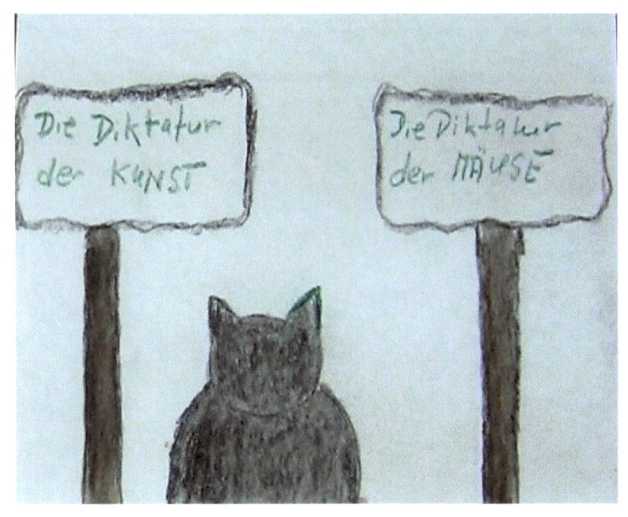

JONATHAN MEESE
DEUTSCHLAND
GEB. 1970
SKULPTUREN

ÜBER DEN AUTOR

Das Leben und wie man auch zur Malerei kommen kann:

geboren 1957 in Berlin, die meiste Zeit wohnhaft in Mecklenburg
1975 Abitur in Neubrandenburg,
1975 - 1979 Studium der Germanistik und Geschichte in Greifswald,
1984 Promotion in Rostock,
wissenschaftliche Lehrtätigkeit
verheiratet, 2 Söhne,
Wende 1989, gesundheitliche, persönliche und berufliche Veränderungen,
Fernstudium der Politik- und Verhaltenswissenschaften,
andauernde, oft auch unbewusste Suche nach kreativen Ausdrucksmöglichkeiten,
der Auslöser: Reise zum Jahrtausendwechsel nach New Orleans, Kauf eines farbenfrohen Bildes, das nie in Deutschland ankam!
die Reaktion: Wut und Frust, Beginn des Nachmalens und damit der Start der Entdeckungsreise in Richtung Farben,
die Realität: mehrere Ausstellungen vorwiegend im norddeutschen Raum, Beteiligung an der Aktion "Kunst offen" zu Pfingsten

www.ingramcontent.com/pod-product-compliance
Lightning Source LLC
Chambersburg PA
CBHW040233220526
45473CB00001B/225